Zur Frage

der

Geschworenen- und Schöffengerichte

von

Dr. L. v. Bar,
o. ö. Professor an der Universität Breslau.

Berlin, 1873.
Verlag von J. Guttentag (D. Collin).

Die vorliegende kleine Schrift hat selbstverständlich nicht den Zweck, die Geschworenen- oder Schöffengerichts-Frage in irgend welcher Vollständigkeit zu erledigen. Sie soll nur zu einer Prüfung der wichtigsten der in in neuester Zeit gegen das Geschworenengericht und für das Schöffengericht vorgebrachten Gründe einen Beitrag liefern, indem sie von der Annahme ausgeht, daß Diejenigen, welche die Schöffengerichte vertheidigen, eine wirkliche, vernünftige, heilsame Theilnahme des Volkes an der Handhabung der Strafjustiz wollen. Sehr möglich freilich, daß unter den Anhängern des Schöffengerichts auch Solche sich befinden, die eine Theilnahme des Volkes an der Strafjustiz mit dieser Art der Theilnahme unschädlich, d. h. unwirksam zu machen, im Laufe der Zeit zu verdrängen beabsichtigen. Die Wahrscheinlichkeit dieser Verdrängung ist von Anderen, in neuester Zeit wieder von John, Wahlberg und Seuffert eingehend dargelegt worden, und wir selbst sind, wie wir früher bereits ebenfalls ausgesprochen, von der Richtigkeit dieser Deduction vollkommen überzeugt — wenn nicht, und auch dieses Resultat wäre freilich weniger wahrscheinlich, aber keineswegs undenkbar, die Folge der Einführung des Schöffengerichts etwa eine vollständige Erschütterung der Stellung des rechtsgelehrten Richterthums sein sollte.

Nichtsdestoweniger müssen wir anerkennen, daß manche auf den ersten Anblick sehr scheinbare, ja gewichtige Gründe zur Zeit noch zu einer andern Ueberzeugung führen können, für welche bei den einzelnen Anhängern der Schöffengerichte, deren Ueberzeugung wir als solche gelten lassen, besondere individuelle Prädispositionen vorhanden sein mögen.

Einige der Anhänger der Schöffengerichte haben nicht Theil genommen an den Berathungen und Entscheidungen vielbeschäftigter Richtercollegien. Ihnen erscheinen daher manche Mängel nur bei den Geschworenengerichten möglich zu sein, die, wie wir nachzuweisen ge-

1*

denken, ebenso gut, vielleicht in noch höherem Maaße bei den rechtsgelehrten Richtercollegien vorkommen. Andere sind dagegen umgekehrt zu sehr befangen in der Praxis und Tradition der rechtsgelehrten Richtercollegien: so werden sie nachsichtig gegenüber den Fehlern der letzteren, scharfsichtig gegenüber den Mängeln der Geschworenengerichte. Wieder Andere tragen vielleicht ein Ideal des rechtsgelehrten Richters in sich, dem man unbedingt auch die Leitung der Laien in dem der Oeffentlichkeit entzogenen Berathungszimmer anvertrauen könnte, ein Ideal, das zwar zuweilen vorhanden sein mag, das aber unseres Erachtens deshalb für die Gesetzgebung und Rechtspflege nicht existirt, weil es an genügend objectiven Merkmalen für diese Existenz fehlt. Manche sind auch ergriffen von der Idee, das neue Deutsche Reich müsse seine ureigne nationale Kraft auch in einer absoluten Neuschöpfung bethätigen, dürfe auf dem Gebiete des Rechts nicht nachahmen. Andere endlich sind voreingenommen für das neue Institut, dessen Schöpfung ihren Bemühungen, ihrem Nachdenken entsprungen ist: kein Wunder, daß sie manchen Grund für dasselbe geltend machen, der weniger Befangenen leicht als Sophisma oder als Widerspruch erkennbar ist.

Wir beginnen mit den juristisch-technischen Gründen. Diese sind für uns in erster Linie entscheidend. Die allgemeinen mehr politischen Gründe stehen uns der Forderung gerechter Rechtsprechung im einzelnen Falle nach. Aber wenn letztere bei der Rechtsprechung durch Geschworenengerichte befriedigt werden kann, oder im Zweifelsfalle, wenn gleichsam das Zünglein der Waage zwischen den beiden Institutionen schwanken möchte, dann sind sie auch uns von höchster Bedeutung: denn die Rechtsprechung ist nicht allein Selbstzweck, sondern zugleich Mittel für andere umfassendere Zwecke im Leben des Volkes, und je mehr die Rechtsprechung auch diese allgemeineren Zwecke zu fördern im Stande ist, um so mehr wird sie selbst in dem Volksbewußtsein wurzeln und ihre eigensten Zwecke indirect wieder gefördert finden.

In letzter Linie sind für uns auch historische Gründe maßgebend. Ein Institut, dessen Geschichte in großen Ländern nach Jahrhunderten rechnet, ist im Zweifel einem Institute vorzuziehen, das, so wie es dasteht, ein völliges Novum ist, sollte es auch in einem kleineren Lande und für die wenigen Jahre seines Bestehens die günstigsten Führungsatteste aufzuweisen haben. Diese letzteren beweisen, wie wir unten darlegen werden, äußerst wenig. Auch verkehrte Gesetze sind nicht selten in der ersten Zeit ihres Wirkens mit Lobsprüchen überhäuft, und auf dem eigentlichen Rechtsgebiete sind Fehler der Gesetzgebung oft Schulden, die erst in der folgenden Generation fällig werden, dann aber mit Zinseszinsen.

Der hauptsächlichste immer wieder und wieder gegen die Geschworenengerichte vorgebrachte Grund ist die Unmöglichkeit der Trennung der That- und der Rechtsfrage. Den Geschworenen muß unbestrittenermaßen die volle Feststellung der Thatfrage zustehen, wenn sie nicht vollständig in ihrer Wirksamkeit vernichtet werden sollen: an diesen Gedanken hat man sich in Deutschland, seitdem die früher als Palladium der Unschuld oft gepriesene gesetzliche Beweistheorie gefallen ist, vollkommen gewöhnt. Schwerer hat man sich gewöhnt an den insbesondere von H. Meyer zur Evidenz gebrachten Satz, daß den Geschworenen auch die Subsumtion der That unter die gesetzlichen Begriffsmerkmale des Verbrechens zufallen müsse. Man opponirte anfangs auch aus dem Grunde, daß es dann den Geschworenen möglich wäre, aus Rechtsunkenntniß einen Angeklagten freizusprechen, der nach Vorschrift des Gesetzes zu bestrafen war. Daß dieser Uebelstand nicht sehr wesentlich ins Gewicht falle, hat man später eingesehen. Man erinnerte sich an Justus Möser, der die wesentliche Bedeutung des Geschworenengerichts schon darin gefunden hatte, daß Niemand verurtheilt werden solle, von dessen Schuld der rechtsgelehrte Richter nicht eine Anzahl verständiger Männer habe überzeugen können. Der hierin liegende sehr wesentliche Schutz gegen spitzfindige, einseitige Auslegung des Gesetzes lediglich durch Rechtsgelehrte ließ sich nicht verkennen: mißlang jene Ueberzeugung, so konnte nicht leicht auch ein Bewußtsein der Schuld auf Seiten des Angeklagten angenommen werden. Jener Schutz war aber nur um den Preis der Möglichkeit auch gelegentlicher mißverständlicher Freisprechung zu haben: so mochte man immerhin diese sich gefallen lassen, und so ist denn in letzter Zeit mehr der Grund geltend gemacht worden, daß die Geschworenen aus Rechtsirrthum auch einen Unschuldigen verurtheilen können, ein Umstand, der sie überhaupt in ihren Entscheidungen schwankend machen, die letzteren als ein Spiel des Zufalls erscheinen lassen müsse.

Dieser Einwand ist nicht so leicht zu beseitigen.

Die nächste Aushülfe bot das Resümé des Präsidenten des Gerichtshofes. Allein abgesehen davon, daß mit einer wirklichen Leitung der Geschworenen durch den Präsidenten des Gerichtshofes dessen von der Deutschen ebenso wie von der Französischen Gesetzgebung mit seltsamer Hartnäckigkeit festgehaltene inquisitorische Thätigkeit in der Hauptverhandlung nicht zu vereinigen war, mußte die wesentlich collegiale Deutsche Gerichtsverfassung, welche dem vorsitzenden Richter das hier nöthige Ansehen bei den Geschworenen nicht gewähren kann, als ein unüberwindliches Hinderniß betrachtet werden. Es sprach dagegen aber auch der Umstand, daß trotz der Lobsprüche, welche man dem Deutschen Richterstande mit Recht spendet, die Unabhängigkeit, welche dem Englischen Richter dessen wirklich erhabene äußere Stellung gewährt, nicht vorausgesetzt werden konnte, endlich die Erwägung, daß was hier an gegenseitigem Vertrauen, an althergebrachter Uebung nöthig war, nicht unmittelbar durch gesetzliche Bestimmungen schaffen werden konnte, letztere vielmehr ohne die erforderlichen Voraussetzungen leicht das Gegentheil des beabsichtigten Zweckes zur Folge haben könne.

So wurde noch in anderer Richtung Abhülfe gesucht.

Zunächst kommt hier in Betracht der Vorschlag Heinze's den Geschworenen einen juristischen Berather in das Berathungszimmer mitzugeben, der, um nicht eine zu große Macht zu erlangen, nicht der Präsident des Gerichtshofes, sondern einer der beisitzenden Richter sein sollte. Dieser Vorschlag[1]), im Wesentlichen der Embryo des heutigen Schöffengerichts, hat trotz der glänzenden Vertheidigung durch seinen Urheber sehr wenig Beifall gefunden. Ein solcher Acteur hinter den Coulissen, dem die Autorität des Präsidenten völlig anheimgegeben wäre, und der gegen letzteren ebenso wie gegen die Geschworenen das personificirte Mißtrauen darstellt, schien doch zu bedenklich. So konnte es, obgleich Mittermaier[2]) und Andere sofort energisch sich dagegen erklärten, ersterer sogar die Uebelstände des Heinze'schen geheimen Berathers hier in doppeltem und dreifachem Maaße wiedererkennen wollte, doch noch richtiger erscheinen, Richter und Geschworene zusammen berathen und entscheiden zu lassen. So entstand die Idee des Schwarze'schen Sächsischen Schöffengerichtes.[3])

---

[1]) Heinze, ein Deutsches Geschworenengericht 1865 S. 166 ff. Früher hatte bereits der Preußische Vicepräsident Goetze sich für die Leitung der Abstimmung der Geschworenen durch den Schwurgerichtspräsidenten selbst ausgesprochen.

[2]) Erfahrungen über die Wirksamkeit der Schwurgerichte S. 772.

[3]) Zachariä, Das moderne Schöffengericht (Deutsche Zeit- und Streitfragen von v. Holtzendorff u. Oncken, Heft. 12) S. 16, 17 hat dem vormaligen Königreich Hannover die Ehre der Erfindung des Schöffengerichts vindiciren wollen. Diese

Von anderer Seite wurde der Fehler in der Stellung der Fragen gesucht. Eine vielfach verbreitete Ansicht wollte und will noch die Französische Einrichtung der Fragenstellung, durch welche freilich unzweifelhaft in manchen Fällen Irrthümer, und verkehrte Verdicte der Geschworenen veranlaßt worden sind, beseitigen und nach Maßgabe des Englischen Rechtes die Geschworenen einfach befragen, ob der Angeklagte der erhobenen Anklage schuldig sei. Es lag aber auf der anderen Seite auch wieder nahe, daß, wenn die Geschworenen nicht wie in England durch das Resümé des Gerichtsvorsitzenden vollständig geleitet werden konnten, die Fragenstellung in mancher Beziehung doch wieder einen Schutz gewähren könne.[4])

Daher wurde der Vorschlag gemacht,[5]) den Geschworenen die Entscheidung über die Schuldfrage in vollem Umfange nach Maßgabe der gesetzlichen Definition (ja sogar direct über das Zutreffen des Verbrechensbegriffes für den fraglichen Fall) zu überlassen, dagegen diejenigen concreten Thatumstände, welche, wenn festgestellt, zu einer Verneinung der Schuld führen müßten oder doch könnten (wenn nämlich die möglicher Weise abweichende Ansicht des Cassationshofs berücksichtigt wird) zum Gegenstande von Zusatzfragen zu machen, die nur beantwortet zu werden brauchen, wenn die Geschworenen die Hauptfrage mit „Schuldig" bejahen. Dieser Vorschlag schloß sich einer

---

Ehre kann ich in dem hier entscheidenden Sinne als ehemaliger Hannoveraner und ziemlich vertraut mit den dortigen Einrichtungen und ihrer Wirksamkeit nicht acceptiren. Die Strafproceßordnung von 1850 (in Kraft getreten 1852) führte freilich die Theilnahme von zwei Schöffen bei den Amtsgerichten für die Polizeisachen ein. Die Motive des Gesetzes sagen allerdings auch, die Theilnahme der beiden Schöffen sei wünschenswerth für das Vertrauen zu den (von einem Einzelrichter abgegebenen) Polizeistrafurtheilen, sie befördere auch den allgemeinen Sinn für Gesetzlichkeit in der Bevölkerung. Aber einerseits ist in Hannover nicht die Idee aufgekommen, die Schöffen an den Entscheidungen der Collegialgerichte Theil nehmen zu lassen, und andererseits gestattete man die vollständigste Berufung von den Urtheilen der Schöffengerichte an die nur mit rechtsgelehrten Richtern besetzten Collegialgerichte, und zwar auch zum Nachtheil des Angeschuldigten. Daraus geht, während umgekehrt die Schwarze'schen Schöffengerichte sofort in Verbindung gesetzt wurden mit einer gleichzeitig beabsichtigten Beseitigung der Berufungsinstanz, unzweifelhaft hervor, daß die Betheiligung des Laienelements hier zwar als moralische Stärkung des einzelrichterlichen Urtheils, nicht aber als wesentliches Element betrachtet wurde.

[4]) Auf diese Vortheile der Fragenstellung hat insbesondere Glaser verschiedentlich aufmerksam gemacht. (Die Fragenstellung im Schwurgerichtsverfahren 1863. Zur Juryfrage 1864.)

[5]) Bar, Recht u. Beweis im Geschworenengerichte 1865 S. 82 ff.

Bestimmung an, welche bereits in mehreren deutschen Gesetzgebungen vorkam, so wie sie in diesen aufgestellt war, freilich als fehlerhaft angesehen werden mußte.

Hier war nämlich der Präsident oder beziehungsweise der Gerichtshof für befugt erklärt, Rechtsbegriffe auf Thatsachen (in Gemäßheit der Sachlage des concreten Falles) zurückzuführen oder durch gleichbedeutende (den Geschworenen verständliche) Ausdrücke zu ersetzen, eine Befugniß, die sich in manchen anderen Ländern die Praxis auch ohne solche ausdrückliche gesetzliche Ermächtigung beilegte. Diese Befugniß war ein Fehler, wie insbesondere H. Meyer sehr richtig nachgewiesen hat,[6]) weil damit einerseits der Gerichtshof auch auf das Gebiet der thatsächlichen Feststellung übergriff, andererseits aber die Geschworenen beliebig zu „Probirsteinen des Beweises über einzelne Thatsachen" herabgesetzt werden konnten, und so der Satz seine Gültigkeit verlor, daß Niemand verurtheilt werden solle, von dessen Schuld nicht eine Anzahl verständiger Männer aus dem Volke hatte überzeugt werden können. Gegen die Zusatzfrage, die nur in Betracht kommt, wenn die Geschworenen die Hauptfrage bejahen, ist dieser Einwand nicht zu erheben: vermöge der Zusatzfrage kann Niemand gegen den Willen der Geschworenen verurtheilt werden. Eine Freisprechung gegen den Willen oder, was faktisch in den meisten Fällen richtiger sein wird, gegen mißverständliche Auffassung des Gesetzes durch die Geschworenen — z. B. weil die Geschworenen zu sehr im einzelnen Falle den unmittelbaren Wortlaut des Gesetzes berücksichtigen — widerspricht aber dem Geiste des Geschworenengerichts nicht und ist keineswegs irrationell: wo das rechtsgelehrte Element eine Verurtheilung ungerechtfertigt findet, da soll auch das Laienelement dieselbe nicht durchsetzen können.

Gegen die logische und prinzipielle Richtigkeit dieser Zusatzfragen ist denn auch nichts eingewendet worden. Genau genommen sollten durch dieselben die Geschworenen nur veranlaßt werden, in gewissem Umfange Entscheidungsgründe des Verdicts zu geben; der Vertheidigung wurde eine dankbare Aufgabe juristischen Scharfsinnes mit der Aufstellung solcher Fragen zugewiesen, während andererseits den Geschworenen eine größere Sicherheit bei Abgabe des Wahrspruchs gewährt, die Rechtsbelehrung der Gerichtsvorsitzenden aber durch die Möglichkeit solcher Zusatzfrage unter die Controle des Gerichtscollegiums, in höherer Instanz des Cassationshofs gestellt wurde, ein Controle, die indirect der Autorität des Gerichtsvorsitzenden wieder zu Gute kommt, da

[6]) That- und Rechtsfrage im Geschworenengericht 1860 S. 83 ff., S. 246 ff.

insoweit sie nicht stattfindet, die Rechtsbelehrung des Resümé's für genügend und für richtig und sicher erklärt wird. Doch ist diese Zusatzfrage, obwohl von einem erfahrenen Praktiker[6 a]) und Kenner des schwurgerichtlichen Verfahrens gebilligt, von Anderen aus verschiedenen Gründen theils bekämpft, theils für ungenügend erklärt worden.

Brauer (Gerichtssaal 1865 S. 408 ff.) bekämpfte sie wesentlich aus dem Grunde, daß damit Widersprüche in die Antworten der Geschworenen gebracht werden würden. Dies ist allerdings die Absicht: nur muß man eben nicht reden von einem „Hineinbringen“ sondern von einem „Erkennbarmachen des Widerspruchs,“ um die Hinfälligkeit dieses Einwandes einzusehen. Wenn die Geschworenen den Thatumstand A annehmen, der mit der Subsumtion der That unter den fraglichen Verbrechensbegriff unvereinbar ist, gleichwohl aber die Schuldfrage aus Mißverständniß bejahen, so ist der Widerspruch in der Antwort allerdings vorhanden, nur nicht erkennbar. In der That, in der Ansicht, welche dem Richtercollegium verbieten will, jemals nach den Motiven des Wahrspruchs zu fragen, liegt eine unbewußte Rückkehr zu der jetzt in Frankreich selbst verschwindenden oder doch von den vorzüglichsten Juristen aufgegebenen Ansicht von der Omnipotenz der Jury.

Auf dieselbe Anschauung aber kommt es hinaus, wenn Zachariä (Handbuch des Deutschen Strafprocesses II. S. 492) in der Stellung derartiger Zusatzfragen eine übergroße „Bevormundung“ der Geschworenen findet, obgleich Zachariä jetzt erklärt, die Geschworenen könnten überhaupt ihre Aufgabe ohne beständige Leitung der Rechtsgelehrten auch im Berathungszimmer nicht lösen und müßten folglich in Schöffen verwandelt werden. Da bekunde doch, sagt Zachariä, die vorausgehende Rechtsbelehrung des Richters weniger Mißtrauen in die Capacität der Geschworenen, und Zachariä hält jene für genügend, um, unter Vermeidung einer besonderen Frage über einen die Schuld in concreto ausschließenden Grund, den Geschworenen begreiflich zu machen, wann sie die Schuldfrage zu verneinen haben. Auch der simpelste Mensch werde nicht sagen, der A. sei des Mordes oder des Todtschlags schuldig, wenn sich der A. im Zustande der Nothwehr befunden habe.

Allein eine Herabwürdigung der Stellung der Geschworenen liegt darin gewiß nicht, daß man, um hier in der Sprache des Englischen Rechts zu reden, für den Fall der Schuldigsprechung — denn um diese

---

[6 a]) Dalcke, Der Entwurf einer Strafprozeßordnung für Preußen, begutachtet 1865 S. 48 ff. u. Archiv für Preuß. Strafrecht 1866 S. 162. Auch Herrmann hat den Vorschlag selbst für richtig erklärt und will ihn nur noch durch eine andere unten zu erwähnende Vorschrift ergänzt wissen.

handelt es sich allein — eine schwierige Rechtsfrage, über die nicht einmal der Gerichtshof völlig zweifellos zu sein braucht, **reservirt**, um ungeachtet des allgemeinen „Schuldig" doch eine Freisprechung zu ermöglichen, nöthigenfalls die Entscheidung des Cassationshofs eintreten zu lassen.

Eine Pression zur Schuldigerklärung, wie sie toto die bei den Schöffengerichten vorkommen kann und wird, ist dabei ganz unmöglich. Das Beispiel aber, durch welches Zachariä die Unzulässigkeit der Frage darthun will, paßt gar nicht und widerspricht geradezu den Ausführungen und Beispielen, mit welchen der Vorschlag der Zusatzfrage erläutert wurde. Wie mehrfach von uns a. a. O. hervorgehoben ist, wünschen wir die Zusatzfragen gar nicht gerichtet auf die allgemeinen im Strafgesetzbuche zweifellos festgestellten Strafausschließungsgründe, wie z. B. Nothwehr, sondern vielmehr auf solche, die erst unter Vergleichung der concreten Sachlage aus dem Strafgesetzbuche deducirt werden können.[7])

Schwarze (Sächsische Gerichtszeitung 1867 S. 363ff.) hat eingewendet, es sei unzulässig, die Geschworenen durch eine zweite Frage zu der Antwort zu nöthigen, daß sie sich die Sache doch nicht gehörig überlegt hätten, und daß das „Schuldig" einen Irrthum enthalte. Dies würde richtig sein, wenn nachdem der erste Strafspruch verkündet worden, die Geschworenen zu einer weiteren Antwort genöthigt werden sollten. Aber so liegt die Sache eben nicht. Die beiden Fragen werden zusammen gestellt, und die Antwort bildet ein untheilbares Ganze; nur daß der letzte Theil wegfällt, wenn der erste als die Voraussetzung des Ganzen verneint wird. Wenn das unrichtig sein soll, dann ist es auch unrichtig, die Geschworenen nach einem Milderungsgrunde besonders zu befragen. Denn in der einfachen Bejahung der Schuldfrage liegt auch die Verneinung der Existenz eines besonderen Milderungsgrundes. Schwarze fügt hinzu, die Zusatzfrage könne eine ziemlich weitläufige sein und sich auf juristische und thatsächliche Momente beziehen. Allein weitläufig braucht sie nicht gerade zu sein und daß sie juristische und thatsächliche Momente zugleich enthält, kann doch nicht als Fehler gelten, wenn nicht, wie Schwarze selbst es nicht für möglich erachtet, „die Geschworenen nur auf dem Gebiete der Thatsachen" entscheiden sollen.

---

[7]) S. Mayer, Geschworenengerichte und Schöffengerichte. Frankfurt a. M. 1872 S. 269 wiederholt Zachariä's Deduction, indem er noch das Beispiel einer auf „sinnlose Trunkenheit" gerichteten Zusatzfrage hinzufügt. Solche freilich absurde Fragen waren aber nicht gemeint.

Wenn endlich Schwarze noch einwendet, der Gerichtshof könne zwanzig solcher Zusatzfragen stellen, ohne doch über die Meinung der Geschworenen hinsichtlich des Motivs des „Schuldig" ins Klare zu kommen, so ist dies doch höchstens als abstracte Möglichkeit zuzugeben, nicht aber praktisch richtig; denn in den allermeisten Fällen weiß man sehr wohl, in welchen Umständen die Schwierigkeiten der rechtlichen Beurtheilung liegen.

Auf dieser Vorannahme beruht jede Möglichkeit einer Belehrung. Wenn nicht eine gewisse Annahme über die Schwierigkeiten der Auffassung möglich ist — dann giebt es auch keine Rechtsbelehrung des Schwurgerichtspräsidenten gegenüber den Geschworenen, des Professors gegenüber seinen Zuhörern. Der menschliche Geist hat, so verschieden er auch ist in seiner Ausbildung, dennoch bei civilisirten erwachsenen Genossen eines und desselben Volkes eine gewisse Gleichheit.

Dadurch wird es auch klar, daß der Vorschlag der Zusatzfrage nicht so sehr eines Complementes bedarf, wie Herrmann[8]) glaubt, obwohl wir gegen letzteres an sich nichts einzuwenden haben. Das von Herrmann vorgeschlagene Complement soll nämlich darin bestehen, daß die Geschworenen ein Fragerecht an den Gerichtshof erhalten, mittelst dessen sie nach Maßgabe des aus ihrer Berathung sich ergebenden Bedürfnisses den Gerichtshof veranlassen zu einem Ausspruche über die zur Abgabe des Verdicts ihnen erforderlichen Rechtssätze. Man darf aber von diesem Complemente nicht zu viel erwarten. Die Formulirung solcher Exceptionen, wie wir sagen möchten, oder Motive bietet zu große technische Schwierigkeiten; es entsteht daraus leicht ein ungeordnetes Hin- und Herreden in der öffentlichen Sitzung, vor dem die nichtrechtsgelehrten Geschworenen große Scheu haben. Die Abordnung des Gerichtsschreibers aber in das Berathungszimmer erscheint aus naheliegenden Gründen bedenklich, und das Wichtigste ist, daß die ganze Sache von dem Willen und der Einsicht der Geschworenen abhängt, während es gerade darauf ankommt, eine vom Willen der Geschworenen unabhängige Garantie gegen verkehrte Schuldigerklärungen zu erlangen.

Daß diese Sache praktisch verwerthbar ist, glaubten wir schon früher in einem Nachtrage[9]) zu unserem ersten Vorschlage durch den

---

[8]) Gerichtssaal 1866 S. 197 ff.

[9]) Gerichtssaal 1867 S. 420 ff., besonders S. 431 ff. Diesem Nachtrage sind die vorstehenden Bemerkungen über die Zusatzfragen mit Ausnahme der Bemerkungen gegen Zachariä und über die Oesterreichische Proceßordnung entnommen. — Sehr

Hinweis auf eine Einrichtung dargelegt zu haben, welche sich in dem uns erst später bekannt gewordenen, als ein ausgezeichnetes Werk anerkannten Code of civil procedure of the State of New-York findet. Hier heißt es §. 261 (d. Ausgabe von 1871, §. 216 d. Ausgabe von 1848):

„. . . . . The Court may direct the jury to find a special verdict in writing upon all or any of the issues; and in all cases may instruct them, if they render a general verdict, to find upon particular questions of fact, to be stated in writing and may direct a written finding thereon . . .

262. Where a special finding of facts shall be inconsistent with the general verdict the former shall control the latter, and the court shall give judgment accordingly."

Man muß dabei nur berücksichtigen, daß im Civilverfahren nach Englischem und Nordamerikanischem Rechte der Richter schließlich das Uebergewicht über die Geschworenen behalten muß und daß es daher ganz correct ist, äußersten Falles dem Richter zu gestatten, aus verschiedenen von den Geschworenen festgestellten specielleren Thatsachen eine allgemeinere Antwort zusammen zu construiren, während in Strafsachen, wo Niemand gegen die freie Ueberzeugung verständiger Männer aus dem Volke verurtheilt werden soll, und wo außerdem der Zweifel stets dem Angeklagten zu Gute kommen muß, der Widerstreit zwischen der Gesammtauffassung der Geschworenen und der der Richter mit einer Negation der Anklage zu endigen hat.

Allerdings hatten wir bei unserem ersten Vorschlage eine zu umständliche Formulirung der Zusatzfrage für nöthig erachtet. Späterhin (Gerichtssaal 1867 S. 452, 453) haben wir uns überzeugt, daß mit einer ganz einfachen Formulirung auszukommen sei, welche lediglich die Existenz der strafausschließenden Thatsachen zur Frage stellt, und so heißt es denn auch in § 323 a. E. der neuen österreichischen Strafproceßordnung:

---

richtig macht die eben erschienene Schrift Gotthelf's: Schwurgericht und Schöffengericht, München 1873 S. 19 darauf aufmerksam, daß, wenn That- und Rechtsfrage wirklich in der Weise untrennbar wären, wie die Gegner des Geschworenengerichts behaupten, dann auch die Möglichkeit einer Cassationsinstanz geleugnet werden müßte, soweit diese sich nicht lediglich auf Verletzung der Formen des Verfahrens bezieht.

„Für den Fall der Bejahung einer Frage kann die Stellung einer Zusatzfrage zu dem Zwecke verlangt werden, um ein in der Frage aufgenommenes gesetzliches Merkmal auf das ihm entsprechende thatsächliche Verhältniß zurückzuführen.

Die Motive (S. 54) bemerken dazu: „Ist der Ausspruch (der Geschworenen) ein verneinender, so kann in der That eine Abhülfe nicht gewährt werden; ließe sich nämlich auch nachweisen, daß hinsichtlich eines einzelnen Thatmomentes ein Rechtsirrthum bei den Geschworenen bestanden hat, so ist damit noch keineswegs der Beweis geführt, daß die Geschworenen auch noch einen wesentlichen Thatumstand als nicht vorhanden ansehen. Anders verhält es sich dagegen, wenn die Antwort der Geschworenen eine bejahende ist; denn die Unrichtigkeit dieser Antwort ist dargethan, sobald auch nur hinsichtlich eines wesentlichen Thatumstandes ein Irrthum der Geschworenen nachgewiesen ist . . . Wenn eine absichtliche Tödtung im Zweikampfe stattgefunden hat, der Gerichtshof aber der Ansicht ist, daß eine solche Tödtung unter den Begriff des Mordes falle, so wird die Frage dem Wortlaut des § 134 des (österr.) Strafgesetzes angepaßt werden, den Umstand aber, daß ein Zweikampf stattgefunden habe, mit Stillschweigen übergehen. Vergebens würde einem solchen Wortlaute gegenüber der Vertheidiger später vor dem Cassationshofe geltend zu machen suchen, daß auch hier nur § 161 des (österr.) Strafgesetzes anzuwenden gewesen wäre. Würde auch der Cassationshof prinzipiell seine Auffassung als die richtige ansehen, so wäre ihm doch nicht eine unrichtige Anwendung des Gesetzes constatirt, weil eben die Thatsache der Tödtung im Zweikampfe ihm nicht vorliegt." Mit Uebergehung eines anderen für unser deutsches Strafgesetzbuch nicht gerade passenden Beispiels der Motive der österr. Strafproceßordnung [10]) nehmen wir folgenden in neuester Zeit gerade besonders praktischen Fall, [11]) wo möglicher Weise Diebstahl, Betrug, Unterschlagung, einfache nur civile Vertragsverletzung fraglich sein könnte. Jemand hat in seiner Wohnung eine Zuleitung aus einem öffentlichen Gas- oder Wasserwerke; er zahlt für den Verbrauch nach Angabe eines Gas- oder Wassermessers. Durch eine Störung in dem letzteren wird es ihm möglich, mehr Gas oder Wasser zu verbrauchen, als der Gas- oder Wassermesser anzeigt, und dabei kann entweder diese Störung von ihm selbst absichtlich hervorgebracht oder zufällig

---

[10]) Der Fall ist im § 289 d. deutschen Strafgesetzbuchs als besonderes Delict behandelt.

[11]) Vrgl. Goltdammer's Archiv f. Preuß. Strafrecht 1870 S. 466 ff.

bewirkt, von ihm aber wahrgenommen und durch Fortentnahme des Gases oder Wassers, als wäre der Messer in Ordnung, benutzt sein, um der Anstalt weniger zahlen zu müssen. Die einfache auf Diebstahl, Betrug, Unterschlagung gerichtete Frage muß die Geschworenen bei der Schwierigkeit des Falles unsicher machen und verhüllt den etwaigen Rechtsirrthum vollständig; eine auf obige Facta gerichtete Zusatzfrage dagegen macht die Rechtsfrage der Prüfung des Gerichtshofes in höherer Instanz des Cassationshofes zugänglich. Nur wenn die Geschworenen vollständig sich klar sind, daß Diebstahl, Betrug, Unterschlagung nicht vorliege, verneinen sie die Hauptfrage. Waltet dabei ein Rechtsirrthum ob, so ist der Anklage freilich nicht zu helfen. Aber gegen die klare Stimme des Rechtsbewußtseins im Volke soll ja eben eine Verurtheilung nicht stattfinden, und Wer damit einverstanden ist, darf auch nicht opponiren, wenn Diejenigen, welche man als Vertreter des Volksbewußtseins betrachtet, in seltenen, übrigens kaum anders als durch Unaufmerksamkeit des Staatsanwalts oder des Gerichtshofes möglichen Fällen, einmal verkehrt antworten.[12])

Vorkommen kann es freilich auch, daß die Zusatzfrage die Punkte nicht trifft, welche den Geschworenen Schwierigkeit machen. Wo aber bestehen processualische Einrichtungen, die derartige Mißverständnisse ganz unmöglich machen? Ganz richtig, sagt zwar Meyer a. a. O., erst im Berathungszimmer können sich wunderliche Theorien trotz der besten Auseinandersetzungen des Präsidenten geltend machen. Allein die Möglichkeit solcher Mißverständnisse ist auch bei den Schöffengerichten gewiß nicht ausgeschlossen. Man darf, um sich das klar zu machen, nur an den wahrlich nicht ganz seltenen Fall denken, daß Jemand glaubt, Etwas zu verstehen, das ein Anderer gesagt hat, oder, um sich keine Blöße zu geben, Jenes etwa nur vorgiebt, während es nicht der Fall ist. Wunderliche Theorien bilden sich aber nicht sowohl bei Personen, die frisch aus dem Volke genommen werden, als bei solchen, die, wie es bei den Schöffen — wenigstens ist es im Königreich Sachsen so — der Fall sein wird, häufiger an den Discussionen von Fachjuristen Theil nehmen, während Personen, die solchen fremd stehen, einfach dem natürlichen Gefühle folgen. Besonders lehrreich sind in dieser Beziehung, oft Gespräche mit angehenden, noch nicht vollständig ausgebildeten Juristen. So hat denn auch Glaser schon mit Recht aufmerksam gemacht auf die Gefahr der superklugen Halbwisser bei den Schöffen-

---

[12]) Sehr viele Fälle verkehrter Verdicte lassen sich auf Versehen und Unachtsamkeit des Richters zurückführen.

gerichten. Was wir aber hervorheben wollten ist neben der Gefahr der zu häufigen Verwendung derselben Personen als Schöffen, die Gefahr der juristischen Discussion[13]) selbst für wunderliche und doch verschwiegene, aber heimlich zur Geltung gebrachte Theorien. Dabei werden die Vorsitzenden, weil sie die Gefahren eingehender Discussionen sehr wohl bemerken, dieselben nach Kräften vielleicht zu vermeiden suchen. Dann genießt der Angeschuldigte bei Weitem nicht den Schutz, den ihm ein Collegium von rechtsgelehrten Richtern gewährte.

Allerdings bleibt die Stellung der Fragen eine schwierige juristische Aufgabe. Aber genau betrachtet müßte sie ebenso vorkommen bei der Abstimmung eines jeden Richtercollegiums, und wenn nicht zu verkennen ist, daß in einem einheitlichen, ungetheilten Collegium die Gefahr der Mißverständnisse als eine verhältnißmäßig geringere erscheint, so steht dem auf der anderen Seite entgegen der Mangel der Controlen der Oeffentlichkeit, der Mitwirkung der Parteien, des Cassationshofs und damit die Möglichkeit ganz ungeeigneter Abstimmungen und unzulässiger Compromisse, endlich von Entscheidungen auf ganz unrichtiger, weil von der Majorität nicht gebilligter Grundlage. Gerade hier herrscht, wie jeder Kundige einräumen wird, bei den Richtercollegien h. z. T. meistens noch die bedenklichste Verwirrung, und das ist sehr begreiflich, denn die ganze Lehre ist erst in neuester Zeit[14]) und zwar wohl in Veranlassung der Fragenstellung im schwurgerichtlichen Verfahren und parallel mit dieser untersucht worden! Es ist in der That wahr, daß, wie Glaser und Wahlberg hervorgehoben haben, die französische Jurisprudenz[15]) mit ihrem feinen Formensinn hier einen Punkt getroffen hat, an welchem weiter zu arbeiten ist, und an welchem bereits in der Wissenschaft sehr gute Resultate für das materielle Strafrecht erwachsen sind. Die scharf präcisirten Sätze, über welche

---

[13]) Auf die Gefahren der Discussion der Rechtsgelehrten für die Laien macht sehr richtig aufmerksam Wellmann (Kreisgerichtsrath), Geschworene oder Schöffen, 1873 S. 130. Die öffentliche Belehrung wirkt beruhigend und anziehend, die Debatte aufreizend und leicht abstoßend.

[14]) Zacke, Ueber Beschlußfassung in Versammlungen und Collegien, insbesondere in Richtercollegien 1867 und darüber Bar, in der Münchener krit. Vierteljahrsschr. 1868 S. 467 ff.

[15]) Uebrigens steht dieselbe in der Auffassung der Jury keineswegs mehr durchgängig auf dem früheren irrigen Standpunkte, der ihr von Unkundigen in Deutschland häufig untergeschoben wird. Man vgl. z. B. Faustin Hélie, Traité de l'instruction criminelle, VII (2 edit. 1867) S. 82 ff.

auf erhobene Nichtigkeitsbeschwerde in Anlaß der Fragenstellung die obersten Gerichtshöfe sich aussprechen, sind zwar im gewissen Sinne Schranken für die Verwirklichung materieller Gerechtigkeit im einzelnen Falle. Aber bei dem Aufhören der Fragenstellung im schwurgerichtlichen Verfahren würden wir einen guten Theil der auf scharfe Begriffsformulirung gerichteten Jurisprudenz wieder einbüßen, und der Verwirklichung des Rechtes im Großen und Ganzen kommt eine vermeintliche Billigkeit nicht zu Gute, welche die thatsächliche Feststellung mit der rechtlichen Subsumtion verwechselt.

Wenn daher H. Meyer (a. a. O. S. 41 ff.) darauf besonderes Gewicht legt, daß die Gerichte, nicht aber die Geschworenen Entscheidungsgründe geben, so liegt hier eine ideale, in Wirklichkeit nicht zutreffende Werthschätzung der letzteren zum Grunde, welche so oft erst hinterher zusammengestoppelt werden und um keinen Widerspruch zu erregen, aus trivialen Allgemeinheiten bestehen, häufig von den Gerichtsmitgliedern wenig beachtet werden und dann nicht selten lediglich das Werk eines für die Entscheidung nicht verantwortlichen Aspiranten des Richteramtes sind. Durch Cassationen auf Grund ungenauer Entscheidungsgründe aber wird die Rechtspflege leicht geradezu irregeleitet, und Vorschriften der Gesetzgebung über Abfassung der Entscheidungsgründe helfen im Ganzen wenig, wenn nicht irgend eine Controle der Parteien hinzutritt. Daß mit jenen Zusatzfragen ganz andere, sichere Entscheidungsgründe gegeben werden können, dürfte nicht zu bezweifeln sein.[16])

Ein fernerer Grund, der in neuerer Zeit gegen die Geschworenengerichte geltend gemacht ist, obwohl nicht von allen Anhängern des Schöffengerichts, ist der, daß nun dieselben Personen über die Schuld- und über die Straffrage entscheiden können, während die Vertheilung

---

[16]) Die vorstehenden Ausführungen beziehen sich nur auf Entscheidungsgründe über die Rechtsfrage, nicht auf Entscheidungsgründe, welche die Beweisfrage im engeren Sinne betreffen. Aber auch H. Meyer hat nur die ersteren bei seinem Angriffe auf die „orakelhaften" Verdicte die Geschworenen im Auge. Bei ganz freier Beweiswürdigung können Entscheidungsgründe über die Beweisfrage doch keine Anhaltspunkte für eine Nachprüfung oder Aufhebung des Urtheils abgeben. Die Bildung eines neuen ausreichenden Beweisrechtes — das frühere Beweisrecht war allerdings unhaltbar geworden — dürfte aber nur mit Geschworenengerichten möglich sein, wie wir früher (Recht und Beweis im Geschworenengericht S. 311 ff.) bereits nachzuweisen versucht haben.

dieser Entscheidungen an verschiedene Factoren im Schwurgerichte unnatürlich sei.[17])

Nicht darauf nun wollen wir hier zurückkommen, daß bei vollkommen freier Beweiswürdigung der Gesichtspunkt einer Theilung der richterlichen Befugnisse, obwohl er h. z. T. vornehm als ein gänzlich fehlerhafter bezeichnet zu werden pflegt, doch auch eine gewisse Berechtigung hat, schon aus dem Grunde, daß nicht etwa Mängel im Beweise und Mängel im Thatbestande durch größere Milde der Strafen compensirt, und so einerseits sg. Verdachtsstrafen, andererseits außerordentliche Strafen vermöge einer unbewußten Willkür der Urtheiler erkannt werden.[18]) Wir wollen hier nur den neuerdings von H. Meyer geltend gemachten besonderen Grund widerlegen, der allerdings von großem Gewichte sein würde — wenn er nicht mindestens genau ebenso, vielleicht in noch höherem Grade gegen Entscheidungen einheitlicher Richter- oder Schöffencollegien geltend zu machen wäre. Meyer macht nämlich aufmerksam darauf, daß die an der Verhandlung wesentlich unbetheiligten Richter, obwohl sie genau den Verhandlungen gefolgt sein mögen, doch, was die Beurtheilung der Strafbarkeit des Angeklagten betrifft, einen ganz anderen Standpunkt als die Geschworenen einnehmen können. Dies aber ist genau ebenso möglich bei der in einem Richtercollegium in Ansehung der Schuldfrage überstimmten Minorität: auch diese kann bei Abmessung der Strafe, sofern die bezüglich der Schuldfrage vorhandene Majorität sich spaltet, bei Abmessung der Strafe — und dies ist gar nicht selten der Fall — ihre doch nach dem Gesetze nicht geltende Ueberzeugung der Nichtschuld wiederum geltend machen. Und hier ist die Sache eigentlich noch schlimmer: denn die Ueberstimmten haben sich formell erklärt über Schuld oder Nichtschuld, während im schwurgerichtlichen Verfahren die rechtsgelehrten Richter eine so bestimmte Ansicht sich gar nicht zu bilden brauchen, meistens die Ansicht der Jury ohne Weiteres dahin gelten lassen, daß

---

[17]) Im Königreich Sachsen nehmen die Schöffen an der Strafbestimmung nicht Theil. Zachariä a. a. O. S. 27 ff. nennt dies eine „principlose Halbheit", ein („Discreditiren der Schöffen in den Augen des Publicums, was andererseits wieder vertuscht werden solle"). Hierüber geben wir kein Urtheil ab; indeß der Widerspruch unter den Anhängern des Schöffengerichts ist bedeutsam.

[18]) Bei manchen Tagesströmungen liegt diese Gefahr gleichsam auf flacher Hand. Manche Uebervortheilungen des Publicums sind moralisch verwerflich, aber doch nicht strafbar. Laien sind hier geneigt, die ihrer Ansicht nach strafwürdige, aber doch nicht „ganz strafbare" Handlung zu strafen, aber milder.

sie ein Bild der That sich so entwerfen, daß dessen Mittelpunkt der von den Geschworenen festgestellte Thatbestand bildet. Das Argument, daß in denselben Händen die Abmessung der Strafe liegen müsse, denen die Feststellung der Schuld anvertraut ist, würde voraussetzen, daß entweder die Feststellung der Schuld nur durch einstimmigen Beschluß der Gerichtsmitglieder erfolgen könne, oder aber eine Verbindung der Abstimmung über Schuld- und Straffrage, eine Art der Abstimmung, bei welcher der Angeklagte wegen eines von der Majorität für den fraglichen Fall gar nicht für zutreffend erachteten Delictes verurtheilt werden könnte — weil dieses zufällig mit der geringsten Strafe bedroht ist — und bei welcher dem Rechtsmittel der Nichtigkeitsbeschwerde aller Boden entzogen werden würde. Dann müßte auch nach diesem Argumente alle und jede Straffestsetzung durch einen Cassationshof verworfen, im Falle einer Cassatoria nur wegen unrichtiger Subsumtion des Thatbestandes unter einen Verbrechensbegriff dennoch eine vollständige neue Verhandlung behufs der Straffestsetzung verlangt werden. Die Hauptsache aber ist, daß das ganze Argument u. E. auf einer durchaus übertriebenen, dem Wesen des Rechtes widersprechenden Werthschätzung der Individualität des einzelnen Falles beruht. Schuld und Strafe sind nun einmal nicht der Art commensurable Dinge, daß man bei einem weiten Strafrahmen mit absoluter Sicherheit sagen könnte, ob 2 Jahr, 2 Jahr 6 Monate oder 3 Jahr Zuchthaus die allein richtige Strafe seien. Eine zu weit getriebene Individualisirung ist nichts Anderes als Willkür, wie denn dafür bestimmte Gründe schließlich gar nicht mehr angegeben, oder die angegebenen nicht selten in umgekehrter Richtung benutzt werden können, und die Strafe ist nicht allein des Verbrechers wegen da, sondern sie soll auch auf die Gesammtheit zurückwirken. Starke Strafunterschiede und Wechsel in den Strafmaßen, wo das Publicum gar keinen Unterschied in der Sache wahrnehmen kann, sind in den Augen des Publicums einfach Willkür. In England ist durch die Centralisation der Justiz in den Händen weniger Richter gegen eine allzugroße Ungleichförmigkeit der Strafmaße Fürsorge getroffen: in Deutschland droht durch die aus anderen Gründen freilich empfehlenswerthe Beseitigung der Berufungsinstanz eine zweifellos schon jetzt vorhandene große Ungleichmäßigkeit der Strafzumessung zu einem vollständig verschiedenen Strafrechte in den verschiedenen Gerichtsbezirken auszuarten. Diese Ungleichmäßigkeit soll nun durch das wechselnde Laienelement verstärkt werden, das von der wechselnden Tagesströmung, bald von einer weichherzigen Milde, bald von einer rohen Abschreckungstheorie sich leiten läßt und diese Theorien bei den verschiedenen Verbrechensarten bekanntlich sehr verschieden zu handhaben geneigt ist.

Der **Hauptpunkt** aber, auf den die Anhänger des Schöffengerichts Gewicht legen, ist die ungehinderte Belehrung der Laien und die Aufklärung von Mißverständnissen.

Es wäre ungerecht, diese Möglichkeit bestreiten zu wollen. Sie wird aber erkauft durch den Wegfall des öffentlichen Schlußvortrags des Präsidenten. Denn ein Gerichtsmitglied, welches nachher selbst miturtheilen soll, kann einen solchen nicht wohl halten: die Collegialität würde dadurch vollständig zerstört werden. Sonach handelt es sich um die Frage, was vorzuziehen sei: die öffentliche, formelle, vorbereitete Rechtsbelehrung eines einzelnen gewiegten Mannes[19]) oder geheime, formlose, der Eingebung des Augenblicks anheimgegebene Belehrung durch Mehrere, die sich möglicher Weise und in zweifelhaften Fällen fast immer widersprechen wird. Beides hat seine Vorzüge, seine Nachtheile. Aber unserer Meinung nach überwiegen die Vorzüge bei jenem, die Nachtheile bei diesem Verfahren. In England wird gerade die „Charge" des Präsidenten als das Hauptstück des Verfahrens angesehen. Daß es in Frankreich und Deutschland nicht so steht, hat seinen Grund einerseits in der mit einer Leitung der Jury unvereinbaren inquisitorischen Thätigkeit des Präsidenten, andererseits aber in der — sagen wir es offen — in manchen Beziehungen mangelhaften Vorbildung vieler unserer Richter. Eine wirkliche Leitung der Jury setzt voraus eine hohe wissenschaftliche Ausbildung, welche allein wiederum befähigt, die Sprache der Wissenschaft in die unmittelbar faßliche Sprache des gewöhnlichen Lebens zu übertragen, und zugleich eine schnelle Fassungskraft für das Thatsächliche. Daß hierin ein gutes Theil der Abneigung gegen die Schwurgerichte, des maßlosen Kritisirens angeblich fehlerhafter Verdicte begründet ist, dürfte die Erfahrung bestätigen, daß wirklich ausgezeichnete Juristen regelmäßig mit den Geschworenen sehr gut fertig werden. Soll freilich dasjenige Minimum der wissenschaftlichen Ausbildung genügen, welches nach einer anscheinend stark verbreiteten Praxis jetzt bei dem ersten preußischen Staatsexamen als Mitgabe für das juristische Leben gefordert wird,[20]) so mag die Gefahr nahe liegen, daß die Schöffen ebenso wie die Geschworenen den rechtsgelehrten Richtern in Zukunft über den Kopf wachsen.

---

[19]) Bei welcher zweifellos auch der alte Satz gilt: „Docendo discimus."

[20]) Hier können wir uns auch berufen auf die Aeußerung v. Stintzing's in v. Sybel's histor. Zeitschr. 1872 S. 432.

Und daran glauben wir auch gegenüber einem neuerlichen Ausspruche Zachariä's[21]) festhalten zu müssen, daß die Juristen den Schwerpunkt der Justiz auch künftig bilden müssen, wenn nicht Unsicherheit und Roheit das Ende sein soll; nur sollen sie eben fortwährend mit den Anschauungen des Volkes in steter Bekanntschaft bleiben, an ihnen sich rectificiren, und daß geschieht am besten, wenn dem Juristen die Aufgabe gestellt wird, durch einen öffentlichen Vortrag die Ueberzeugung der Laien zu leiten, auf diese zu wirken. Der Einwand aber, daß bei solcher Leitung der Jury wesentlich der Richter die Entscheidung gebe, die Jury eigentlich überflüssig sei, ist leicht zu widerlegen. Es bleiben immer noch Erwägungsgründe übrig, welche schwer in bestimmten Formeln faßbar sind, und welche in zweifelhaften Fällen die Entscheidung, das „Ja" oder das „Nein" liefern. Und wenn es auch wahr wäre, daß regelmäßig schon aus dem Vortrage des Richters der Spruch der Jury sich ersehen ließe — was übrigens gar nicht immer der Fall ist, da die englischen Richter sich oft sehr reservirt ausdrücken — so würde damit immer noch nicht die Ueberflüssigkeit der Jury, sondern nur die Tüchtigkeit des Richters und der Gerechtigkeitssinn der Geschworenen bewiesen sein. Jenes Argument steht der Deduktion gleich, welche aus der Uebereinstimmung zwischen Regierung und Volksvertretung die Ueberflüssigkeit und Nullität der letzteren ohne Weiteres glaubt folgern zu dürfen.

Vortrefflich ist es bekanntlich von Tocqueville geschildert, wie in England und in gewissem Grade selbst in Nordamerika — in letzterem Lande trotz so vieler demokratischer Einrichtungen — die Justiz einen gewissen aristokratischen Charakter behauptet, der doch indirect, indem er den Wogen der augenblicklichen Stimmungen einen kräftigen Damm entgegensetzen kann, der Freiheit wieder zu Gute kommt, während umgekehrt die Jury dem Manne aus dem Volke gewisse Gewohnheiten des Richteramtes mittheilt. Das aber ist nur möglich, wenn Staatsrichter und Laien in getrennten Vereinigungen einander gegenüber stehen, ein Punkt auf welchen neuerlich auch Wellmann[22]) sehr richtig aufmerksam gemacht hat: „Das Recht muß dem Volke als fertiges, festes gegenübertreten, um seine Würde und Kraft zu bewahren." Es gilt hier in gewissem Sinne der Satz, daß Niemand groß ist vor seinem Kammerdiener, obschon bekanntlich der letztere deshalb nicht immer

---

[21]) Göttinger gel. Anzeigen 1873 (v. 30. April) I. S. 688 „Juristen sollen künftig nicht mehr den Schwerpunkt der Rechtsprechung in Strafsachen bilden."

[22]) Geschworene oder Schöffen. S. 132.

die richtigste Meinung von seinem Herrn zu haben braucht. Der Laie, der den Disputationen von Juristen beiwohnt, kommt meistens zu dem Glauben, das Recht sei völlig unsicher, viel unsicherer als es wirklich ist. Soll der Laie dann dennoch urtheilen, so verwandelt sich der Respect vor dem Rechte leicht in gedankenloses Anschließen an eine persönliche Autorität. Nur die gehörige Form der Theilnahme der Laien an der Rechtspflege kann den Vortheil bieten, daß Sinn für Recht und Gesetz sich verbreiten; die ungehörige befördert die Charakterlosigkeit und untergräbt das Rechtsbewußtsein.

Die gewünschte Leitung der Schöffen durch die Richter kann dann auch in's Gegentheil umschlagen. Die Vereinigung von Laien und Staatsrichtern zu einem ungetheilten Collegium ist die vollständigste Demokratie in der Rechtspflege, vollständiger selbst als eine Einrichtung, bei welcher der Richter lediglich in öffentlicher Form der Berather der Laien wäre. Haben hier einmal die Schöffen die Ueberhand gewonnen — und in unruhigen Zeiten, und bei verhältnißmäßig steigender Bildung der Laien, geringerer wissenschaftlicher Bildung der Juristen ist das gar nicht so unmöglich — so werden sie eintretenden Falles das Gesetz noch in ganz anderer Weise frei interpretiren, als man bis jetzt dem Geschworenengerichte vorgeworfen hat. Und in gewissem Grade kann die Autorität der rechtsgelehrten Richter auch durch sie selbst dabei untergraben, das bisher im Ganzen vortreffliche collegialische Verhältniß bei den deutschen Gerichten geschädigt werden. Bei solchen Berathungen mit außerhalb des Gerichts oft einflußreichen Laien erhalten Eitelkeit und bloße Redefertigkeit ohne gründliche Bildung einen vortrefflichen Spielraum, sich geltend zu machen, Meinungsdifferenzen und gelegentliche Niederlagen bei der Abstimmung aber leicht eine ganz besondere Schärfe und einen ganz besonderen Stachel.[23]) Wenn in kleineren Republiken dergleichen Wirkungen sich nicht geltend gemacht haben, so sind hier auch nicht, wie in den größeren Staaten, die Richter ein so abgeschlossenes Corpus, in welches man regelmäßig mit unzureichender Besoldung und mit der Hoffnung auf glückliches Avancement an ein höheres Gericht eintritt.

Ein Punkt, den die Anhänger der Schöffengerichte sich meist nicht klar gemacht haben, ist die Zahl der Schöffen in den schweren Strafsachen. Diese darf jedenfalls nicht zu klein sein; denn der Vortheil

---

[23]) Aus Furcht vor solchen Dingen wird man andererseits auch oft, wie oben bemerkt, die Discussion möglichst abschneiden. Bei solcher der Oeffentlichkeit entzogener Einwirkung ist eben Alles unberechenbar.

einer Theilnahme von Laien an der Rechtspflege beruht anerkanntermaßen gerade auf der durch verschiedene Lebensstellungen bedingten Verschiedenheit der Gesichtspunkte, welche sich bei Beurtheilung der That geltend machen lassen. Im Zweifel wird sich behaupten lassen, daß ein einzelner Jurist besser auch das Thatsächliche beurtheilen wird, als ein einzelner Laie; aber 12 Juristen beleuchten das Thatsächliche meist nicht aus so verschiedenen Gesichtspunkten, wie 12 Laien; der Bildungsgang, die Lebensanschauung der Juristen ist mehr gleichmäßig.[24]) Zachariä z. B. (S. 64) fordert denn auch sieben Schöffen für die schweren Strafsachen, und dabei verlangt Zachariä auch sehr mit Recht — entgegen dem sächsischen Gesetze § 24 — innerhalb gewisser Grenzen ein freies Ablehnungsrecht der Parteien[25]) wie im Geschworenengerichte. Dann fällt aber der von den Anhängern der Schöffengerichte so oft hervorgehobene Vortheil, daß unnütz eine Menge von Menschen ihren täglichen Beschäftigungen entzogen werden, zum großen Theile wieder fort; jedenfalls kann dieser Vortheil dann kein Grund mehr sein, die Geschworenengerichte aus der Welt zu schaffen.

Viel ist auch eingewendet worden gegen die periodische Wiederkehr der schwurgerichtlichen Sessionen, gegen den dabei unvermeidlichen Aufschub mancher Sachen, die Belästigung der von entfernteren Orten herankommenden Geschworenen. Diese Uebelstände sind nicht zu leugnen. Sie sind aber einerseits zu mindern, und andererseits sind auch manche Vortheile damit verbunden. Was den Aufschub der Untersuchungen betrifft, so kommen hier sehr wesentlich die Grundsätze über die Untersuchungshaft mit in Betracht. Der auf der veralteten Criminalordnung von 1805 beruhende umfangreiche Gebrauch derselben z. B. in den älteren Preußischen Provinzen wird zweifellos höchst wesentlich beschränkt werden. Für einen nichtverhafteten Angeschuldigten ist es aber ein so übermäßiges Uebel nicht, einen oder zwei Monat länger etwa auf das

---

[24]) Vrgl. Heinze, Ein deutsches Geschworenengericht S. 56 ff.

[25]) Ohne dies ist die Garantie der Unparteilichkeit bei Staatsrichtern leicht bei Weitem größer, namentlich wenn, wie es nach dem sächsischen Gesetze § 11 zulässig, für kleine Sachen allenfalls unbedenklich ist, die Schöffen bezüglich der Theilnahme an den einzelnen Sitzungen beliebig mit einander tauschen können. Dem gegenüber ist die auch gemachte Bemerkung, daß das Ablehnungsrecht bei den Geschworenengerichten ein leeres, entwürdigendes Spiel sei, vollkommen hinfällig. In hundert Fällen mag es gleichgültig sein, ob A oder B Geschworener ist. Das nimmt dem Ablehnungsrechte, vermöge dessen der Geschworene auch als Vertrauensmann erscheint, und das z. B. ebenso in der römischen Strafjustiz anerkannt war, nichts von seinem idealen Werthe.

Urtheil warten zu müssen, während in den ganz schweren Strafsachen ohnehin ein ganz übermäßiges Beschleunigen der Untersuchung nicht zu wünschen ist. Für die Geschworenen ließen sich dabei manche Erleichterungen treffen, z. B. könnte man ja sehr gut bei demselben Gerichte gleichzeitig zwei Sachen mit Geschworenen verhandeln lassen, wodurch denn ermöglicht würde, daß bei einer nur wenig zu erhöhenden Anzahl einzuberufender Geschworenen die Sitzungszeit für die auswärtigen Geschworenen ungefähr auf die Hälfte reducirt würde. Möglicher Weise könnte man auch — und darauf ist von uns bereits bei einer anderen Gelegenheit hingewiesen — die in der Strafsache ausgeloosten oder abgelehnten Geschworenen für die Civilrechtspflege benutzen, falls man auch hier eine gewisse Theilnahme der Laien will, z. B. bei Schädenliquidationen.

Das Herausreißen aber aus dem gewöhnlichen Ideengange, der gewöhnlichen Beschäftigung, wie solches bei den nicht am Orte des Gerichts wohnenden Geschworenen eintritt, in Verbindung mit einer dabei angestrengten Thätigkeit im Gerichte halten wir für einen Vortheil des Geschworenengerichts. Die Aufmerksamkeit wird bei solchen Geschworenen meistens ganz anders auf die Sache gelenkt, der Ideenaustausch ein ganz anderer werden, als bei Schöffen, die in der Nähe des Gerichts, meistens am Orte desselben wohnen und ab und zu an einzelnen Sitzungen Theil nehmen.[26])

Ein sehr gewichtiger Grund für die Schöffengerichte soll sodann die Harmonie sein, welche nur durch sie in die gesammte Rechtspflege gebracht werden könne. Die kleinste Polizeiübertretung würde danach — abgesehen von der Zahl der Gerichtsmitglieder — vor denselben Gerichten und in wesentlich demselben Verfahren erledigt werden, wie ein todeswürdiges Verbrechen. Wir sehen darin einen ganz entschiedenen Nachtheil. Gerade die ganz gleichmäßige Behandlung der Polizeiübertretungen mit den criminellen Delicten wirkt verwirrend auf das Volksbewußtsein. Auch das ältere Deutsche Recht zeichnete das Gericht mit dem „Blutbanne“ ganz besonders aus, und die periodische Wiederkehr des Geschworenengerichts, der feierliche Ernst seines Erscheinens haben entschieden da, wo nicht ein allzu schlankes Abmachen der Sache eingerissen ist, sehr vortheilhaft gewirkt: bei den Schöffengerichten aber reducirt sich der ganze Unterschied darauf, daß man ein Paar Personen mehr berathen läßt.

---

[26]) Vrgl. auch Heinze a. a. O. S. 79.

Außerdem ist es ganz falsch zu behaupten, daß der Einfluß der Geschworenen sich auf diejenigen Sachen beschränke, wo dieselben selbst miturtheilen. Sehr oft wird da, wo die Geschworenengerichte längere Zeit in Wirksamkeit stehen, der Richter unwillkürlich sich die Frage vorlegen, wie die Geschworenen in solchem Falle geurtheilt haben würden, und Faustin Hélie's Urtheil, der gerade dies sehr stark hervorhebt, bestätigt uns diese an uns selbst und an Anderen gemachte Beobachtung, während umgekehrt die Forderung einer Laienjustiz auch bei der kleinsten Ordnungswidrigkeit lebhaft erinnert an das Bekämpfen des Parlamentarismus durch den Parlamentarismus: das beständige Quälen der Laien mit dem Justizdienste läßt endlich den letzteren nur widerwillig und schlecht erfüllen.

Dagegen glauben wir vollständig das Recht zu der Behauptung zu besitzen, daß, insoweit überhaupt im französischen und deutschen Strafprocesse Mündlichkeit und Anklageprincip herrscht, dies zum großen Theile den Geschworenengerichten zu verdanken ist. Wir stecken zwar auch jetzt noch in manchen Traditionen des früheren schriftlichen Inquisitionsverfahrens. Doch würden wir voraussichtlich noch weit tiefer darin stecken, wenn die Geschworenen nicht gezwungen hätten, mit einer vollständigen Discussion in der mündlichen Verhandlung vorzugehen. Bei Verhandlungen, an denen Geschworene nicht Theil nehmen, pflegen Richter, Staatsanwalt, Vertheidiger in Folge einer leicht begreiflichen Connivenz sich manche Erörterungen zu schenken, und der Gebrauch der Acten läßt sich bei Gerichten, an denen Richter unmittelbar an der Entscheidung Theil nehmen, gar nicht mit Wirksamkeit hindern. So werden auch die Schöffen nicht selten die Acten einsehen, und der vorsitzende Richter wird ihnen daraus Mittheilung machen.

Es wird nun angemessen sein, den Werth der Zeugnisse für die bisherige Wirksamkeit der Schöffengerichte zu prüfen. Die Ueberzeugungstreue der Aussteller wollen wir nicht in Zweifel ziehen. Das aber ist sicher, daß, wenn eine Regierung oder eine vorgesetzte Behörde in der unzweifelhaftesten Weise ihre Vorliebe für ein bestimmtes Institut zu erkennen giebt, sie meistens von Behörden nicht ungünstige Zeugnisse erhalten wird. Eine große Anzahl ganz tüchtiger Praktiker hat doch nicht gerade Lust, nebenher noch eingehend mit Gesetzgebungsfragen sich zu befassen: so fällt im Zweifel schon aus diesem Grunde die Antwort zu Gunsten der fragenden Oberbehörde aus, um so mehr als das Kundgeben anderer Ansichten ohne tiefere Motivirung leicht als ein Mangel an Intelligenz betrachtet werden kann.[27]) Unter diesen Umständen aber ist es allerdings von Bedeutung, daß die entschieden vortheilhaftesten Zeugnisse wesentlich aus Sachsen stammen, weniger dagegen aus Würtemberg, wo auch die Schöffengerichte in den mittleren Strafsachen fungiren, die Regierung der Sache aber wohl unparteiisch gegenüber steht — während umgekehrt gerade in Sachsen die Schwurgerichte am wenigsten Zeit gehabt haben, Wurzel zu fassen.

Dazu kommen aber noch andere Gründe, die das Schöffengericht Manchen zusagender machen, obschon es gerade nicht Gründe sind, die bei der Gesetzgebung den Anspruch auf Anerkennung haben dürfen.

Das Geschworenengericht beruht auf ungetheilter voller Verantwortlichkeit und vollster Oeffentlichkeit; zudem ist es an bestimmte und genau einzuhaltende Formen gebunden. Das Schöffengericht ruht auf getheilter Verantwortlichkeit; seine Fehler werden gedeckt durch das Geheimniß des Berathungszimmers: nach allen diesen Eigenschaften ist es **gemüthlich**, d. h. gemüthlich für die Richter, welche keine Kritik des Resümé's, für die Schöffen, welche keine Kritik des Wahrspruchs zu befürchten haben, und denen bei etwaigen auffälligen Entscheidungen die unwiderlegliche Einrede des unverschuldeten Mißverständnisses zur Seite steht. Die Zeugnisse über bewiesene Selbständigkeit der Schöffen sind aber höchst bedenklich: gerade über diesen Punkt ist, wie jeder Menschenkenner zugestehen wird, der testis in propria causa, am wenigsten werth, und propria causa der Richter, welche etwa mit Schöffen zusammen zu berathen und zu urtheilen hatten, ist es auch, daß sie eine Pression nicht ausgeübt haben; gewiß aber haben sie eine Pression nicht ausgeübt, wenn die Schöffen so selbständig sich bezeigten, daß diese Pression gar nicht möglich war: so ist der Ruhm der Schöffen das beste Attest für die Discretion der Richter. Das Schöffeninstitut ist aber auch ein Institut, welches auf bequeme Weise das Bewußtsein vortrefflich erfüllter Pflichten — und das ist immer angenehm — verschafft. Das sächsische Gesetz läßt die Richter zuerst votiren und in seiner ganzen Anordnung verräth es unzweifelhaft den Wunsch des Gesetzgebers, die Schöffen mögen sich durch die Richter leiten lassen. Was kann da der Schöffe Besseres thun, als dieser Leitung folgen, seine Selbständigkeit aber, wie manche Menschen zu thun pflegen, durch Festhalten irgend einer besonderen Ansicht über einen nicht stark in

---

[27]) Vrgl. übrigens das sehr gewichtige Votum des Sächsischen Bezirksgerichts-Directors Petsch (Allgem. Deutsche Strafrechtszeitung 1872 S. 321 ff.).

Betracht kommenden Nebenpunkt zu bezeigen? So trennt man sich unter der Versicherung ausgezeichneter Hochachtung in der besten Harmonie — während im schwurgerichtlichen Verfahren überall die Kritik herausgefordert wird.

Und diese Kritik ist unter dem Einflusse einerseits der Abneigung vieler Juristen, welche in dem Schwurgerichte eine Schmälerung ihres Ansehens und den Anfang des Endes der Jurisprudenz erblickten, wie andererseits der der Jury abgeneigten Reaction in Deutschland in der herbsten, rücksichtslosesten Weise geübt worden, welche wiederum nicht ohne Rückwirkung auf die Pflichtfreudigkeit der Geschworenen bleiben konnte — während gegen eine derartige Kritik der Aussprüche rechtsgelehrten Richter die Paragraphen der Strafgesetze in ganz anderer Weise zur Geltung gebracht werden konnten.

Nicht das Wenigste sodann an der Herabsetzung der Geschworenengerichte haben, abgesehen von den vielfachen, allen Anforderungen der Wissenschaften und Erfahrung entgegen in vielen Ländern noch immer festgehaltenen Mängeln, insbesondere mancher Gesetze über Aufstellung der Listen und Auswahl der Geschworenen, die in manchen Staaten erlassenen Competenzbestimmungen geleistet. Hatte man zuerst in verkehrter Weise von Seiten der Anhänger der Jury deren politischen Character besonders hervorgehoben, so wurde nun umgekehrt das Geschworenengericht hauptsächlich zu einem Apparate für die Aburtheilung zweifelloser Verbrecher und besonders rückfälliger Diebe herabgesetzt. Daß hierbei der Dienst der Geschworenen diesen selbst unbegreiflich und unnütz erscheinen mußte, bedarf keines Beweises. Man kann durch unrichtige Competenzbestimmungen jede Theilnahme der Laien an der Rechtspflege vollständig ruiniren, besonders indem man sie da eintreten läßt, wo sie nicht nöthig ist.

Kam dazu noch, daß die Präsidenten der Gerichtshöfe, an sich freilich entschuldigt durch ihre inquisitorische Thätigkeit und durch eine viel verbreitete verkehrte Auffassung des Instituts, die Geschworenen nicht selten ohne alle Direction ließen, zuweilen auch eine mangelhafte Vorbereitung der Hauptverhandlung, die kritiklose Anhäufung oft ganz werthlosen Beweismaterials in Folge des thatsächlich festgehaltenen Inquisitionsprincips und des Arrangirens riesiger Processe, in welchen allen Regeln eines mündlichen Verfahrens zuwider, über alle möglichen Verbrechen und Vergehen einer ganzen Reihe von Personen zusammen abgeurtheilt werden sollte — so darf man sich über den Widerwillen bei vielen Geschworenen nicht gerade wundern.

Die ganze Erfahrung der Schöffengerichte ist aber eine verschwinbend kleine gegenüber der langen Geschichte der Geschworenengerichte, und in dieser Beziehung wäre es auch eine Art Heuchelei, der politischen Bedeutung der Jury nicht ihr Recht widerfahren zu lassen. Daß die Freiheit in England, insbesondere die Glaubensfreiheit und die vernünftige und stetige Fortentwicklung seiner Institutionen zwar nicht durch die Jury allein bewirkt, wohl aber sehr wesentlich durch dieselbe geschützt und gefördert worden ist, kann Niemand leugnen, der die Geschichte Englands auch nur oberflächlich kennt. Eine interessante Sammlung derartiger Zeugnisse enthält die bereits oben citirte neue Schrift Wellmann's, eine Reihe von Aussprüchen hervorragender englischer Staatsmänner führt auf die soeben erschienene Brochüre Gotthelf's[28]). Pressionen, denen gegen Ende des XVII. Jahrhunderts die Geschworenen siegreich Widerstand leisteten, könnten Schöffengerichte nimmermehr vertragen. Gerade die Geschlossenheit des Laienelements ist die wesentliche Bürgschaft seiner Unbefangenheit und Unabhängigkeit.[29]) Darüber kann nach den in dieser Beziehung unmittelbar praktisch verwerthbaren historischen Untersuchungen Brunner's[30]) kein Zweifel bestehen, daß der Untergang der Jury in Frankreich zu Ende des Mittelalters thatsächlich durch die mehr und mehr überhand nehmende Einzelbefragung der Geschworenen bewirkt wurde, welche letztere so allmählig in gewöhnliche Zeugen des römisch-canonischen Rechtes verwandelt wurden. Hält man damit zusammen, die in Deutschland zur Zeit der Reception des römischen Rechts und des Eindringens der technischen Jurisprudenz sehr bald eintretende Bedeutungslosigkeit der Schöffen, so hat man die Probe auf das Exempel zweimal.

Nicht die Vertheidiger der Geschworenengerichte sind die Doctrinaire und Schwärmer, wie ihnen von manchem Gegner zugerufen wird. Oder ist die Berufung auf die Geschichte doctrinair? Die Geschichte ist doch nichts Anderes als die Erfahrung der Gesammtheit nach Jahrhunderten, mit welcher verglichen die Erfahrung des Einzelnen nur eine Spanne Zeit umfaßt. Die Geschichte aber lehrt auch den Weg, auf welchem eine gedeihliche Entwickelung möglich ist, daß man nicht sofort zu Gunsten nagelneuer Projecte Rechtsinstitutionen ausrotte, die in anderen Ländern Jahrhunderte bestanden und bei uns doch schon geraume Zeit

---

28) Schwurgerichte und Schöffengerichte. Zwei Vorträge. München 1873 S. 27.

29) Vrgl. darüber auch die energischen Worte des Oberappellationsraths Becker, der keineswegs ein principieller Gegner der Schöffengerichte ist, in den Verhandlungen des X. Deutschen Juristentags, Bd. 2 S. 166.

30) Die Entstehung der Schwurgerichte S. 278 ff., S. 438 ff.

Wurzel geschlagen haben, daß man vielmehr, so lange nicht die völlige Unbrauchbarkeit nachgewiesen ist, lieber verbessere — und die Hoffnung auf Verbesserung braucht man bei den Schwurgerichten wahrlich noch nicht aufzugeben!

Daß der Name „Schöffengericht" hier nicht täuschen darf, ist schon oft hervorgehoben. Die altdeutschen Schöffengerichte oder Gemeindegenossengerichte haben mit diesen modernen Schöffengerichten nichts gemein. So viel aber ist klar, daß wenn hier von Aehnlichkeiten die Rede sein soll, die Geschworenengerichte den ältesten Volksgerichten, bei denen die Richter nur formell die Verhandlungen leiteten, immer noch ähnlicher sind als die modernen Schöffengerichte, wie sie innerlich auch verwandt sind mit dem alten Beweismittel der Germanen, der Berufung auf die Gewissensüberzeugung der Genossen über die Wahrheit der Parteibehauptung.

Ganz zurückweisen aber müssen wir den Grund, welchen die amtliche Denkschrift über die Schöffengerichte [31]) vorbringt gegen Brunner's Behauptung, daß die Jury wie keine zweite Institution in kurzer Zeit Verbreitung gefunden und Wurzel geschlagen, die Natur nahezu eines Weltrechtsinstituts angenommen habe. Nachdem nämlich die Denkschrift gesprochen hat von einer „gewissen zeitweisen Unfähigkeit der europäischen Völker, nationale Schöpfungen hervorzubringen," welche Unfähigkeit denn die Einführung der Jury in so vielen Ländern erklären soll, heißt es ferner:

> „Das deutsche Volk aber, das gegenwärtig an Größe und Machtstellung hinter keinem Volke der Erde zurücksteht, wird sich nicht begnügen dürfen, den früher betretenen, seiner heutigen Größe aber keineswegs würdigen Weg des Nachahmens weiter zu verfolgen; es wird gerade auf dem Gebiete des Rechts am wenigsten darauf verzichten können, eigene nationale Schöpfungen ins Leben zu rufen, wenn eine unbefangene Prüfung der bestehenden, dem Auslande entlehnten Schöpfungen zu der Ueberzeugung führt, daß dieselben durch etwas Besseres ersetzt werden können."

Die von der Denkschrift angenommene Unfähigkeit zur Erfindung besonderer nationaler Rechtsinstitutionen ist unseres Erachtens einfach darauf zurückzuführen, daß das Recht in erster Linie den praktischen Lebensbedürfnissen zu dienen hat. Da diese bei den heutigen Cultur-

---

[31]) Mitgetheilt in Hahn's Archiv f. Deutsches u. Preußisches Strafr. 1873 S. 40 ff., das. S. 46.

völkern in vielfacher Beziehung die gleichen sind, so ergiebt sich daraus von selbst eine gewisse Gleichförmigkeit der Rechtsinstitutionen, und gerade auch auf dieser Gleichförmigkeit beruht ein großer Theil der Cultur. Nur durch eine gewisse Gleichförmigkeit des Strafrechts kann z. B. die Auslieferung der gemeinen Verbrecher eine allgemeine werden, und diese bedingt, wie man zugestehen wird, die allgemeine Sicherheit bei dem steigenden Verkehre, dem internationalen Verbrecherthume. Das Recht ist eben ein Stück der Cultur,[31a]) und so wenig wie diese überhaupt heut zu Tage eine ausschließlich nationale noch sein, so wenig ist dieser Zustand auch bei dem Rechte möglich. Die Gleichförmigkeit wird zudem h. z. T. noch befördert durch den raschen Verkehr; Rechtsinstitutionen, die sich bewährt haben und früher Jahrhunderte lang auf ein kleines Territorium würden beschränkt geblieben sein, werden rasch Gemeingut der gesammten Culturvölker. Das besondere Streben aber nach Originalität ist so wenig bei einem Volke, als bei einem Individuum ein Zeichen hervorragender geistiger Begabung oder gesunder Entwicklung. Man wähle einfach das Beste, suche das am besten auszuführen, und eine gewisse Originalität wird sich von selbst finden. Bei dieser Auswahl aber ist es allerdings ebenso wie sonst auch im Leben ein nicht zu unterschätzendes Moment, daß Andere in wesentlich gleicher Lage Dasselbe gewählt haben und sich dabei wohl befinden.

Während aber nun nach den Untersuchungen Brunner's kein Zweifel mehr darüber bestehen kann, daß das Geschworenengericht fränkischen, also germanischen Ursprungs und nur auf einem Umwege wieder zu uns zurückgekehrt ist, hat der Entwurf, mit welchem uns die neuen Schöffengerichte als nationale Schöpfung empfohlen werden, eine gewisse Vorliebe für französische Einrichtungen in einer ganzen Reihe der tiefgreifendsten Bestimmungen bekundet.

Wie endlich bei einem glücklich geführten Vertheidigungskriege es

---

[31a]) Gegenüber einer solchen Ueberschätzung des nationalen Elements können wir uns auch berufen auf Ihering's Ausführungen, Geist d. röm. Rechts, 3. Aufl. I. S. 5 ff., der direct auch hier der Declamationen gegen das Geschworenengericht aus dem angeblichen nationalen Gesichtspunkte Erwähnung thut, wie denn Gneist (Die Bildung der Geschworenengerichte in Deutschland S. 141 ff.) bereits vor Jahren auf die vollkommene Trüglichkeit des Arguments hingewiesen hat, daß die Jury ein französisches Institut sei. Vrgl. auch Walther in der münchener krit. Vierteljahrsschr. 1861 S. 446 ff. Die Vorhersage Walther's, daß Oesterreich die Geschworenengerichte wieder erhalten werde, ist in Erfüllung gegangen, und Sachsen hat sich vorläufig ebenso wieder mit ihnen befreunden müssen.

nicht gethan ist mit einer bloßen Abwehr des Feindes, sondern es richtig erscheinen mag, dem Feinde diejenigen Bollwerke zu nehmen, welche die Ausgangspunkte seiner Angriffe waren, so, denken wir, müssen auch die Vertheidiger des Geschworenengerichts den Gegnern das Bollwerk entreißen, von dem aus sie die Geschworenengerichte zu vernichten gedachten. Und dies Bollwerk sind die Schöffengerichte für die sog. mittleren Straffälle. So lange diese in Deutschland noch existiren, wird der heimliche Kampf gegen die Geschworenengerichte nicht leicht aufhören, und hier wird es auch wichtig, sich zu erinnern, wie die Schöffengerichtsfrage auf dem IX. Deutschen Juristentage zu Stuttgart zur Sprache gebracht wurde. In der Form einer Empfehlung des Schöffengerichts für die mittleren Straffälle wurde eine „Todtschlagskritik," wie Wahlberg es richtig nannte, des Geschworenenrichtes gegeben. Bei Beseitigung der Schöffengerichte für die mittleren Straffälle, ist es aber keineswegs nöthig, zu den von Merkel[32]) empfohlenen kleineren Schwurgerichten für diese Fälle zu greifen, obwohl eigentlich principielle Bedenken diesem Vorschlage nicht entgegenstehen.

Wir sind mit S. Mayer[33]) und Gotthelf (S. 35) wie mit der Oesterreichischen Strafproceßordnung, nicht minder auch mit Faustin Hélie der Meinung, daß zur Zeit und vielleicht für immer die Theilnahme der Laien an der Aburtheilung der schweren Straffälle vollkommen genügt, eine andere Einrichtung aber leicht zu zweckloser Ueberbürdung, und zum Widerwillen gegen den an sich wahrlich nicht leichten Dienst der Laien führen würde. Nur muß man die Competenz der Geschworenengerichte richtig bestimmen, und hier warnen wir vor der Annahme des französischen, in der preußischen Gesetzgebung adoptirten und dem Anscheine nach auch für die Deutsche Gerichtsverfassung und den Deutschen Strafproceß in Aussicht genommenen, rein äußerlichen, oberflächlichen Princips, wonach fast ausschließlich die Höhe der Strafmaxima die Competenz der Gerichte bestimmt. Nimmt man dagegen neben der Höhe der Strafe auch Rücksicht auf die Natur der einzelnen Delicte, wie es z. B. auch die Würtembergische und Oesterreichische Gesetzgebung thun, giebt man daneben dem Angeschuldigten etwa noch das Recht bei einzelnen Delicten, die an sich vor die rechtsgelehrten Richtercollegien gehören würden, auf die Jury zu provociren — obwohl wir

---

[32] Gutachten in den Verhandlungen des IX. Deutschen Juristentags. Nachträge S. 33 ff.

[33]) A. a. O. S. 160ff.

das keineswegs für absolut nöthig erachten — und läßt man in dem Falle, wie auch das sächsische Gesetz im Principe richtig bestimmt hat, die Jury ausschließen, daß der Angeschuldigte in der Voruntersuchung ein vollgültiges Geständniß[34]) abgelegt und sich für strafbar erklärt hat, so wird der Dienst der Geschworenen erträglich, ihr Einfluß auf die gesammte Strafrechtspflege gleichwohl ein heilsamer sein.

Der Augenblick, in welchem durch Beschluß des Reichstags der Untergang der Geschworenengerichte besiegelt würde, wird, das hoffen wir, nicht eintreten. Sollte es dennoch so kommen, so würden die Lobsprüche, welche das neue Institut der Schöffengerichte eine Zeit lang ernten könnte, in dem Urtheile über die Bedeutung jenes Momentes uns nicht irre machen.

Ein fehlerhaftes Gesetz auf dem eigentlichen Rechtsgebiete ist eine Schuld, die oft erst in den folgenden Generationen fällig wird, dann aber mit Zinseszinsen!

[34]) Wir halten aber dabei Ablegung oder Wiederholung des Geständnisses in öffentlicher Sitzung und vor mehreren Richtern und zugleich Assistenz eines rechtsgelehrten Vertheidigers für nöthig.

Druck von Troitzsch & Ostertag in Berlin, Kommandanten-Str. 44 a.

FSC
www.fsc.org
MIX
Papier | Fördert gute Waldnutzung
FSC® C083411

Kolibri 360 GmbH
Ferdinand-Jühlke-Straße 7
99095 Erfurt, Deutschland
produktsicherheit@kolibri360.de